50 Recetas con el Sabor del México Antiguo

Por: Kelly Johnson

Table of Contents

- Tamales de elote
- Mole poblano
- Tacos de chapulines
- Pozole rojo
- Mixiotes de carnero
- Tlacoyos de haba
- Atole de pinole
- Pipián verde
- Sopa de tortilla
- Tamal de cazuela
- Enchiladas de frijol
- Caldo de piedra
- Tacos de huitlacoche
- Barbacoa de maguey
- Escamoles al epazote
- Chiles en nogada
- Tortillas de maíz azul

- Nopales asados con sal de gusano
- Chicharrón en salsa verde
- Sopes con flor de calabaza
- Tejuino
- Tamales de frijol con hoja de plátano
- Calabaza en tacha
- Guacamole con granada
- Agua de chia con limón
- Salsa de molcajete
- Enmoladas de pollo
- Cacahuates enchilados
- Atole de maíz morado
- Guisado de quelites
- Quesadillas de flor de calabaza
- Tacos de tripa
- Tostadas de tinga
- Carne en su jugo
- Ensalada de nopales
- Chiles rellenos de picadillo

- Tamal de dulce con betabel
- Tacos de barbacoa con consomé
- Elotes cocidos con chile y limón
- Tacos de carnitas
- Mole negro oaxaqueño
- Tamal canario
- Agua de jamaica con canela
- Pipián rojo
- Tortitas de huauzontle
- Pan de elote
- Ceviche de camarón con chile chiltepin
- Empanadas de calabaza
- Chiles toreados
- Sopa de guías

Tamales de Elote

Ingredientes:

- 4 tazas de granos de elote fresco (aprox. 5-6 mazorcas)
- 1 taza de harina de maíz (masa harina)
- 1/2 taza de azúcar (opcional, al gusto)
- 1/2 taza de mantequilla suavizada
- 1/2 taza de leche
- 1 cucharadita de polvo para hornear
- 1/2 cucharadita de sal
- Hojas de maíz secas, remojadas en agua tibia

Instrucciones:

1. Licúa los granos de elote hasta obtener una mezcla suave.
2. En un tazón, bate la mantequilla con el azúcar hasta que esté esponjosa.
3. Agrega el elote licuado, la harina de maíz, la leche, el polvo para hornear y la sal. Mezcla bien hasta obtener una masa espesa.
4. Coloca 2-3 cucharadas de la mezcla sobre cada hoja de maíz y dobla para cerrar.
5. Cocina al vapor durante aproximadamente 1 hora, o hasta que los tamales estén firmes.
6. Deja enfriar un poco antes de servir.

Mole Poblano

Ingredientes:

- 1/4 taza de ajonjolí
- 4 chiles anchos secos
- 4 chiles pasilla secos
- 2 chiles mulato secos
- 2 jitomates
- 1/2 cebolla
- 2 dientes de ajo
- 1/4 taza de almendras
- 1/4 taza de pasas
- 1/4 taza de cacahuates
- 1 tortilla de maíz (tostada)
- 1 tablilla de chocolate mexicano (o chocolate oscuro)
- 1 cucharadita de canela
- 2 cucharadas de manteca o aceite
- 2 tazas de caldo de pollo
- Sal al gusto

Instrucciones:

1. Tuesta los chiles y remójalos en agua caliente hasta que estén suaves. Retira las semillas y tallos.

2. Tuesta el ajonjolí, la tortilla, las almendras, los cacahuates y las pasas.

3. Sofríe los jitomates, la cebolla y el ajo.

4. Licúa todos los ingredientes con el caldo hasta obtener una salsa suave.

5. En una olla, calienta la manteca y vierte la salsa. Cocina a fuego medio por 20–30 minutos.

6. Añade el chocolate y la canela. Cocina hasta que espese y tenga buen sabor.

7. Sirve sobre pollo o guajolote con arroz.

Tacos de Chapulines

Ingredientes:

- 1 taza de chapulines secos o tostados
- 1 cucharada de jugo de limón
- 1 cucharada de chile en polvo
- Tortillas de maíz
- Guacamole, salsa o queso (opcional)

Instrucciones:

1. Tuesta ligeramente los chapulines en un sartén caliente hasta que estén crujientes.
2. Rocíalos con jugo de limón y espolvorea el chile en polvo. Mezcla bien.
3. Calienta las tortillas.
4. Sirve los chapulines en las tortillas y acompaña con los toppings de tu elección.

Pozole Rojo

Ingredientes:

- 1 kg de carne de cerdo (espaldilla) o pollo
- 8 tazas de agua o caldo
- 3 tazas de maíz para pozole (ya cocido o enlatado)
- 4 chiles guajillo secos
- 2 chiles anchos secos
- 4 dientes de ajo
- 1 cebolla
- 1 cucharadita de orégano seco
- Sal al gusto

Guarniciones opcionales:

- Lechuga o repollo picado
- Rábanos en rodajas
- Cebolla picada
- Limones partidos
- Orégano seco
- Tostadas o totopos

Instrucciones:

1. Cocina la carne en agua o caldo hasta que esté suave. Deshébrala y reserva el caldo.

2. Remoja y desvena los chiles. Licúalos con el ajo y la cebolla hasta obtener una salsa.

3. Agrega la salsa al caldo con la carne deshebrada. Incorpora el maíz y el orégano.

4. Cocina a fuego medio por 30 minutos para que se mezclen los sabores.

5. Sirve caliente con las guarniciones al gusto.

Mixiotes de Carnero

Ingredientes:

- 1 kg de carne de carnero o borrego (en trozos)
- 4 chiles guajillo secos
- 2 chiles pasilla secos
- 2 dientes de ajo
- 1/4 de cebolla
- 1 cucharadita de orégano
- 1 cucharadita de comino
- Sal al gusto
- Hojas de maguey (o papel aluminio si no hay)
- Hilo para amarrar

Instrucciones:

1. Remoja y desvena los chiles, luego licúalos con ajo, cebolla, orégano, comino y sal.
2. Marina la carne con esta salsa por al menos 2 horas (mejor si es toda la noche).
3. Coloca porciones de carne en hojas de maguey o papel aluminio y envuelve.
4. Cocina al vapor durante 1.5 a 2 horas, hasta que la carne esté suave.
5. Sirve caliente con arroz y nopales.

Tlacoyos de Haba

Ingredientes:

- 2 tazas de masa de maíz
- 1 taza de habas cocidas y molidas
- 1/4 de taza de cebolla picada
- Sal al gusto
- Aceite para freír

Instrucciones:

1. Mezcla las habas molidas con cebolla y sal.
2. Forma una bola de masa, aplánala un poco, rellena con las habas y cierra, formando un óvalo grueso.
3. Cocina los tlacoyos en un comal o sartén con un poco de aceite hasta que estén dorados por ambos lados.
4. Sirve con nopales, salsa, queso fresco y crema.

Atole de Pinole

Ingredientes:

- 1/2 taza de pinole (maíz tostado y molido con azúcar y canela)
- 4 tazas de agua o leche
- 1 raja de canela
- Azúcar al gusto

Instrucciones:

1. Disuelve el pinole en una taza de agua fría.
2. Calienta el resto del agua o leche con la canela.
3. Agrega el pinole disuelto, moviendo constantemente para evitar grumos.
4. Cocina a fuego medio hasta que espese, endulza al gusto.
5. Sirve caliente.

Pipián Verde

Ingredientes:

- 1 kg de pollo cocido
- 1 taza de pepitas de calabaza
- 2 chiles poblanos
- 1 chile serrano
- 1/2 cebolla
- 1 diente de ajo
- 1 ramita de epazote
- 1 taza de caldo de pollo
- Sal al gusto

Instrucciones:

1. Tuesta las pepitas y muélelas.
2. Asa los chiles, quita piel y semillas.
3. Licúa los chiles con cebolla, ajo, pepitas molidas y caldo.
4. Cocina la mezcla a fuego medio, agrega el epazote y sal.
5. Añade el pollo cocido y deja hervir unos minutos.
6. Sirve con arroz o tortillas.

Sopa de Tortilla

Ingredientes:

- 6 tortillas de maíz (cortadas en tiras)
- 4 jitomates
- 2 dientes de ajo
- 1/4 de cebolla
- 1 litro de caldo de pollo
- 1 chile pasilla
- Aceite para freír
- Sal al gusto
- Aguacate, crema, queso fresco (opcional para acompañar)

Instrucciones:

1. Fríe las tiras de tortilla hasta que estén crujientes.
2. Asa los jitomates, ajo y cebolla, luego licúa.
3. Fríe el chile pasilla en trozos grandes (rápidamente para que no se queme).
4. Sofríe la salsa de jitomate en una olla, añade el caldo y sal.
5. Cocina por 10–15 minutos. Sirve con las tortillas fritas, chile, aguacate, crema y queso.

Tamal de Cazuela

Ingredientes:

- 2 tazas de masa de maíz
- 1/2 taza de manteca
- 1 taza de caldo de pollo
- 1 taza de pollo desmenuzado
- 1/2 taza de salsa verde o roja
- Sal al gusto

Instrucciones:

1. Bate la manteca con la masa y el caldo hasta obtener una mezcla suave.
2. Engrasa una cazuela. Coloca la mitad de la masa.
3. Agrega el pollo con salsa como relleno.
4. Cubre con el resto de la masa.
5. Tapa con papel aluminio y hornea a 180 °C por 40–50 minutos o hasta que esté cocido.
6. Sirve caliente.

Enchiladas de Frijol

Ingredientes:

- 12 tortillas de maíz
- 1 taza de frijoles refritos
- 2 chiles guajillo o anchos
- 2 dientes de ajo
- 1/4 de cebolla
- Queso fresco, cebolla picada y crema para acompañar

Instrucciones:

1. Hidrata y licúa los chiles con ajo y cebolla. Cuela y cocina la salsa.
2. Calienta las tortillas y rellénalas con frijoles.
3. Enróllalas y báñalas con la salsa caliente.
4. Sirve con queso, cebolla y crema.

Caldo de Piedra

Ingredientes:

- 500 g de pescado blanco (como robalo o mojarra)
- 2 jitomates
- 1 cebolla
- 1 chile verde
- Cilantro
- Ajo al gusto
- Sal
- Piedras de río muy limpias y calentadas al rojo vivo (tradicional)
- Agua

Instrucciones:

1. Corta todos los ingredientes en cubos.
2. Colócalos en un recipiente de barro o piedra.
3. Agrega agua y sal.
4. Añade las piedras calientes para cocer el caldo (o hazlo en olla convencional).
5. Cocina hasta que el pescado esté cocido y los sabores mezclados.
6. Sirve de inmediato.

Tacos de Huitlacoche

Ingredientes:

- 2 tazas de huitlacoche
- 1/4 de cebolla picada
- 1 diente de ajo picado
- Epazote al gusto
- Sal y pimienta
- Tortillas de maíz
- Queso rallado (opcional)

Instrucciones:

1. Sofríe la cebolla y el ajo en un poco de aceite.
2. Agrega el huitlacoche y cocina por unos 10 minutos.
3. Añade epazote, sal y pimienta al gusto.
4. Rellena las tortillas calientes con la mezcla.
5. Sirve con queso si lo deseas.

Barbacoa de Maguey

Ingredientes:

- 2 kg de carne de borrego (pierna o costillar)
- Hojas de maguey (suavizadas en agua caliente)
- 4 chiles guajillo
- 2 chiles anchos
- 4 dientes de ajo
- 1/2 cebolla
- 1 cucharadita de orégano
- 1/2 cucharadita de comino
- Sal al gusto
- Agua

Instrucciones:

1. Licúa los chiles hidratados, ajo, cebolla, orégano, comino y sal con un poco de agua hasta obtener una marinada.
2. Marina la carne con esta mezcla al menos 4 horas (mejor toda la noche).
3. Envuelve la carne en hojas de maguey y colócala en una olla o en un hoyo especial con piedras calientes (modo tradicional).
4. Cocina tapado por 3–4 horas hasta que la carne esté muy suave.
5. Sirve con consomé, salsa y tortillas.

Escamoles al Epazote

Ingredientes:

- 1 taza de escamoles (larvas de hormiga)
- 2 cucharadas de mantequilla
- 1 diente de ajo picado
- 2 cucharadas de cebolla picada
- Hojas de epazote (al gusto)
- Sal al gusto

Instrucciones:

1. Sofríe ajo y cebolla en mantequilla.
2. Agrega los escamoles y el epazote.
3. Cocina por 5–7 minutos, sin revolver demasiado (para evitar romper los escamoles).
4. Sirve con tortillas calientes.

Chiles en Nogada

Ingredientes:

- 6 chiles poblanos asados, pelados y desvenados
- 500 g de carne molida mixta (res y cerdo)
- 1 manzana, 1 durazno y 1 plátano macho picados
- 1/2 taza de almendras picadas
- 1/4 taza de pasas
- 1/2 cebolla y 2 dientes de ajo picados
- Sal, pimienta y canela al gusto
- Para la nogada: 1 taza de nuez de castilla pelada, 1/2 taza de leche, 100 g de queso fresco, azúcar y un toque de jerez
- Granos de granada y perejil para decorar

Instrucciones:

1. Sofríe ajo y cebolla, añade la carne y cocina bien.
2. Agrega las frutas, pasas, almendras, sal, pimienta y canela. Cocina hasta integrar.
3. Rellena los chiles con esta mezcla.
4. Licúa los ingredientes de la nogada hasta obtener una salsa cremosa.
5. Baña los chiles con la nogada y decora con granada y perejil.

Tortillas de Maíz Azul

Ingredientes:

- 2 tazas de masa de maíz azul (o harina nixtamalizada azul)
- 1/2 taza de agua tibia (aproximadamente)
- Una pizca de sal

Instrucciones:

1. Mezcla la masa con agua y sal hasta que esté suave y no se pegue.
2. Forma bolitas y aplana en una prensa para tortillas.
3. Cocina en comal caliente por ambos lados.
4. Mantén envueltas en un paño para que conserven su calor.

Nopales Asados con Sal de Gusano

Ingredientes:

- 4 nopales grandes, limpios
- Aceite de oliva
- Sal de gusano (mezcla de sal con gusano de maguey molido y chile seco)

Instrucciones:

1. Unta los nopales con un poco de aceite de oliva.
2. Ásalos en un comal o parrilla hasta que estén suaves y marcados.
3. Corta en tiras y espolvorea sal de gusano al gusto.
4. Sirve como entrada o guarnición.

Chicharrón en Salsa Verde

Ingredientes:

- 300 g de chicharrón prensado
- 5 tomates verdes
- 2 chiles serranos
- 1/4 de cebolla
- 1 diente de ajo
- Sal al gusto

Instrucciones:

1. Hierve los tomates y chiles hasta que estén suaves.
2. Licúa con cebolla, ajo y sal.
3. Cocina la salsa en una olla, añade el chicharrón y deja hervir 10 minutos.
4. Sirve con arroz y tortillas.

Sopes con Flor de Calabaza

Ingredientes:

- 2 tazas de masa de maíz
- 1 taza de flor de calabaza (limpia y sin tallos)
- 1/4 de cebolla picada
- 1 diente de ajo
- Aceite
- Sal
- Queso fresco, crema y salsa al gusto

Instrucciones:

1. Forma pequeños discos gruesos con la masa y cocina en comal.
2. Pellizca los bordes para formar los sopes y fríelos ligeramente.
3. Sofríe la flor de calabaza con ajo y cebolla.
4. Rellena los sopes con la flor y añade queso, crema y salsa.

Tejuino

Ingredientes:

- 1 taza de masa de maíz
- 4 tazas de agua
- 1/2 taza de piloncillo rallado o azúcar morena
- Limón y sal al gusto
- Hielo (opcional)

Instrucciones:

1. Disuelve la masa en agua y cuela para quitar grumos.
2. Hierve con el piloncillo, revolviendo constantemente, hasta que espese un poco.
3. Deja fermentar de 1 a 2 días en un lugar fresco.
4. Sirve frío con limón, sal y hielo al gusto.

Tamales de Frijol con Hoja de Plátano

Ingredientes:

- 2 tazas de masa de maíz
- 1/2 taza de manteca
- 1 taza de frijoles refritos
- Hojas de plátano (pasadas por fuego o remojadas)
- Sal al gusto

Instrucciones:

1. Bate la masa con manteca y sal hasta que esté esponjosa.
2. Corta las hojas en rectángulos y unta masa en el centro.
3. Agrega una cucharada de frijoles y cierra la hoja como paquete.
4. Cocina al vapor por 1–1.5 horas.
5. Sirve calientes.

Calabaza en Tacha

Ingredientes:

- 1 calabaza de castilla (pequeña a mediana), partida en trozos
- 2 piloncillos grandes
- 2 rajas de canela
- 4 clavos de olor
- Agua (solo la necesaria para cubrir el fondo de la olla)

Instrucciones:

1. Coloca los trozos de calabaza en una olla grande con la cáscara hacia abajo.
2. Agrega piloncillo, canela, clavos y un poco de agua.
3. Cocina a fuego bajo durante 1.5 a 2 horas, hasta que la calabaza esté suave y caramelizada.
4. Sirve caliente o fría.

Guacamole con Granada

Ingredientes:

- 3 aguacates maduros
- 1/4 de cebolla morada picada
- 1 chile serrano (opcional)
- Jugo de 1 limón
- Sal al gusto
- 1/2 taza de granos de granada

Instrucciones:

1. Machaca los aguacates en un tazón.
2. Agrega cebolla, chile, limón y sal.
3. Mezcla suavemente y añade los granos de granada encima al servir.

Agua de Chía con Limón

Ingredientes:

- 1 litro de agua
- Jugo de 4 limones
- 2 cucharadas de chía
- Azúcar o miel al gusto

Instrucciones:

1. Mezcla el agua con el jugo de limón y azúcar al gusto.
2. Añade la chía y deja reposar por al menos 15 minutos para que se hidrate.
3. Sirve con hielo.

Salsa de Molcajete

Ingredientes:

- 3 jitomates
- 2 chiles serranos o jalapeños
- 1 diente de ajo
- Sal al gusto

Instrucciones:

1. Asa los jitomates, chiles y ajo sobre comal hasta que estén bien dorados.
2. Muele primero el ajo y los chiles en el molcajete con sal, luego incorpora los jitomates.
3. Sirve como acompañamiento para tacos o antojitos.

Enmoladas de Pollo

Ingredientes:

- 8 tortillas de maíz
- 2 tazas de mole (hecho o comprado)
- 1 taza de caldo de pollo
- 1 taza de pollo desmenuzado
- Crema, queso rallado y cebolla al gusto

Instrucciones:

1. Calienta el mole con el caldo hasta que esté suave y caliente.
2. Rellena las tortillas con pollo, dóblalas y báñalas en el mole.
3. Sirve con crema, queso y cebolla.

Cacahuates Enchilados

Ingredientes:

- 2 tazas de cacahuates con piel
- 2 cucharadas de chile en polvo (puede ser piquín)
- 1 cucharada de jugo de limón
- Sal al gusto

Instrucciones:

1. En un sartén tuesta los cacahuates por 10–15 minutos.
2. Mezcla con limón, chile en polvo y sal.
3. Deja enfriar y sirve como botana.

Atole de Maíz Morado

Ingredientes:

- 1/2 taza de masa de maíz morado o harina de maíz morado
- 4 tazas de agua o leche
- 1 raja de canela
- Piloncillo o azúcar al gusto

Instrucciones:

1. Disuelve la masa en agua o leche y cuela.
2. Cocina a fuego medio con la canela y el piloncillo.
3. Revuelve constantemente hasta que espese.
4. Sirve caliente.

Guisado de Quelites

Ingredientes:

- 2 tazas de quelites (ej. quintoniles o verdolagas), limpios
- 1/4 de cebolla picada
- 2 tomates picados
- 1 diente de ajo
- Aceite y sal al gusto

Instrucciones:

1. Sofríe ajo y cebolla, luego añade tomate.
2. Agrega los quelites y cocina hasta que estén suaves.
3. Ajusta sal y sirve con tortillas.

Quesadillas de Flor de Calabaza

Ingredientes:

- 12 flores de calabaza limpias (sin pistilo ni tallo)
- 1/4 de cebolla picada
- 1 diente de ajo
- Queso Oaxaca o fresco
- Tortillas de maíz
- Aceite y sal

Instrucciones:

1. Sofríe ajo y cebolla, añade la flor de calabaza y cocina por 3 minutos.
2. Coloca queso y flor en una tortilla, dobla y calienta en el comal con un poco de aceite.
3. Cocina hasta que el queso se derrita.

Tacos de Tripa

Ingredientes:

- 1 kg de tripa de res limpia
- Agua, ajo y laurel (para cocer)
- Sal
- Tortillas de maíz
- Cebolla, cilantro y salsa al gusto

Instrucciones:

1. Cuece la tripa en agua con ajo, laurel y sal hasta que esté suave.
2. Luego fríe en su grasa o en aceite hasta que esté crujiente.
3. Sirve en tacos con cebolla, cilantro y salsa.

Tostadas de Tinga

Ingredientes:

- 2 pechugas de pollo cocidas y deshebradas
- 4 tomates
- 1/2 cebolla
- 2 dientes de ajo
- 2 chiles chipotles en adobo (ajusta al gusto)
- 1 cucharada de aceite
- Sal y pimienta al gusto
- Tostadas de maíz
- Crema, queso rallado y lechuga para acompañar

Instrucciones:

1. Licúa tomates, cebolla, ajo y chiles chipotles.
2. Calienta aceite y sofríe la salsa hasta que espese.
3. Agrega el pollo, salpimenta y cocina 10 minutos.
4. Sirve sobre tostadas con crema, queso y lechuga.

Carne en su Jugo

Ingredientes:

- 500 g de carne de res cortada en trozos pequeños
- 200 g de tocino picado
- 1 litro de caldo de res
- 4 tomates
- 1/2 cebolla
- 2 dientes de ajo
- Frijoles de la olla (opcional)
- Cilantro, cebolla picada y limón para acompañar
- Sal y pimienta

Instrucciones:

1. Licúa tomates, cebolla y ajo.
2. Fríe el tocino hasta que esté crujiente, retira un poco de grasa.
3. Añade la carne, salpimienta y dora.
4. Agrega la salsa y el caldo, cocina a fuego medio hasta que la carne esté suave.
5. Sirve con frijoles, cebolla, cilantro y limón.

Ensalada de Nopales

Ingredientes:

- 500 g de nopales limpios y cortados en tiras
- 2 tomates picados
- 1/4 de cebolla picada
- Cilantro picado al gusto
- Jugo de 2 limones
- Sal y pimienta

Instrucciones:

1. Cocina los nopales en agua con sal hasta que cambien de color, escurre y enjuaga.
2. Mezcla nopales con tomate, cebolla y cilantro.
3. Añade limón, sal y pimienta.
4. Sirve fría.

Chiles Rellenos de Picadillo

Ingredientes:

- 6 chiles poblanos asados, pelados y desvenados
- 500 g de carne molida de res o cerdo
- 1/2 cebolla picada
- 2 dientes de ajo
- 2 tomates picados
- Pasas y almendras (opcional)
- Sal, pimienta y comino
- Aceite

Instrucciones:

1. Sofríe cebolla, ajo, añade carne y cocina hasta dorar.
2. Agrega tomate, sal, pimienta, comino, pasas y almendras. Cocina hasta secar.
3. Rellena los chiles con el picadillo.
4. Fríe ligeramente o sirve con salsa de tomate.

Tamal de Dulce con Betabel

Ingredientes:

- 2 tazas de masa para tamal
- 1 taza de azúcar
- 1/2 taza de manteca
- 1 taza de puré de betabel cocido
- Canela al gusto
- Hojas de maíz remojadas

Instrucciones:

1. Bate la manteca con el azúcar, añade masa y puré de betabel.
2. Agrega canela y mezcla bien.
3. Coloca porciones en hojas de maíz, envuelve y amarra.
4. Cocina al vapor 1-1.5 horas.

Tacos de Barbacoa con Consomé

Ingredientes:

- Barbacoa de borrego o res (preparada y deshebrada)
- Tortillas de maíz
- Consomé de la barbacoa
- Cebolla, cilantro y limón para acompañar

Instrucciones:

1. Calienta la barbacoa y sirve en tortillas calientes.
2. Acompaña con cebolla, cilantro y limón.
3. Sirve con un vaso de consomé caliente.

Elotes Cocidos con Chile y Limón

Ingredientes:

- Elotes frescos, cocidos
- Chile en polvo o chile piquín
- Jugo de limón
- Sal
- Mantequilla (opcional)

Instrucciones:

1. Unta mantequilla sobre el elote (opcional).
2. Espolvorea chile en polvo y sal.
3. Agrega jugo de limón al gusto.
4. Sirve caliente.

Tacos de Carnitas

Ingredientes:

- 1.5 kg de carne de cerdo (preferentemente de pierna o lomo)
- 1/2 taza de manteca de cerdo
- 1 naranja (jugo)
- 3 dientes de ajo
- Sal, pimienta, orégano y comino al gusto
- Tortillas de maíz

Instrucciones:

1. Marina la carne con jugo de naranja, ajo, sal, pimienta, orégano y comino.
2. Cocina en manteca a fuego bajo hasta que la carne esté tierna y dorada.
3. Sirve en tortillas con cebolla, cilantro y salsa.

Mole Negro Oaxaqueño

Ingredientes:

- 5 chiles mulatos
- 5 chiles pasilla
- 3 chiles chipotles
- 2 chiles ancho
- 1/2 taza de almendras
- 1/4 taza de ajonjolí
- 2 tortillas secas
- 1 bolillo (pan) tostado
- 2 tomates
- 1/2 cebolla
- 3 dientes de ajo
- 1 plátano macho frito
- 50 g de chocolate mexicano
- Canela, clavo, comino, pimienta, sal y azúcar al gusto
- Caldo de pollo

Instrucciones:

1. Asa y remoja los chiles.

2. Tuesta los ajonjolí, almendras, tortilla, bolillo, especias y muele junto con ajo, cebolla y tomates.

3. Fríe la pasta en aceite y añade caldo hasta obtener la consistencia deseada.

4. Incorpora el plátano frito y el chocolate.

5. Cocina a fuego lento por 30-45 minutos.

6. Sirve con pollo o guajolote.

Tamal Canario

Ingredientes:

- 2 tazas de masa de maíz
- 1 taza de azúcar
- 1/2 taza de manteca o mantequilla
- 4 huevos
- 1 taza de leche
- 1 cucharadita de polvo para hornear
- Hojas de maíz para envolver

Instrucciones:

1. Bate la manteca con el azúcar hasta que quede cremosa.
2. Añade los huevos uno a uno, batiendo bien.
3. Incorpora la masa y la leche, mezcla bien.
4. Agrega el polvo para hornear.
5. Coloca porciones de la mezcla en hojas de maíz y envuelve.
6. Cocina al vapor durante aproximadamente 1 hora.

Agua de Jamaica con Canela

Ingredientes:

- 1 taza de flores de jamaica secas
- 1 raja de canela
- 1 litro de agua
- Azúcar al gusto

Instrucciones:

1. Hierve el agua con la canela y la jamaica.
2. Deja reposar hasta que tome color y sabor (unos 10 minutos).
3. Cuela y endulza al gusto.
4. Sirve fría con hielo.

Pipián Rojo

Ingredientes:

- 4 chiles guajillo desvenados
- 2 jitomates
- 1/4 taza de semillas de calabaza tostadas
- 1 diente de ajo
- 1/4 de cebolla
- Sal al gusto
- Caldo de pollo

Instrucciones:

1. Asa jitomates, ajo y cebolla.
2. Hidrata los chiles y licúa con jitomate, ajo y cebolla.
3. Agrega semillas de calabaza y muele hasta formar una pasta.
4. Cocina la salsa en caldo de pollo, sazona con sal.
5. Sirve con pollo o carne.

Tortitas de Huauzontle

Ingredientes:

- 2 tazas de huauzontle limpio y picado
- 2 huevos
- 1/2 taza de queso fresco desmoronado
- 1/4 de taza de harina
- Sal y pimienta
- Aceite para freír

Instrucciones:

1. Mezcla el huauzontle con los huevos, queso, harina, sal y pimienta.
2. Forma tortitas pequeñas.
3. Fríelas en aceite caliente hasta que estén doradas.
4. Escurre sobre papel absorbente y sirve.

Pan de Elote

Ingredientes:

- 4 elotes desgranados
- 1 taza de azúcar
- 1/2 taza de harina
- 1/2 taza de mantequilla derretida
- 3 huevos
- 1 cucharadita de polvo para hornear
- 1 pizca de sal

Instrucciones:

1. Licúa los granos de elote con azúcar, mantequilla y huevos.
2. Añade harina, polvo para hornear y sal, mezcla bien.
3. Vierte en un molde engrasado y hornea a 180°C por 40-50 minutos.

Ceviche de Camarón con Chile Chiltepin

Ingredientes:

- 500 g de camarones cocidos y picados
- Jugo de 6 limones
- 1 tomate picado
- 1/4 cebolla picada
- 1 chile chiltepin picado (ajusta al gusto)
- Cilantro picado
- Sal y pimienta

Instrucciones:

1. Mezcla los camarones con jugo de limón, deja marinar 15 minutos.
2. Añade tomate, cebolla, chile y cilantro.
3. Salpimienta y sirve frío.

Empanadas de Calabaza

Ingredientes:

- Masa para empanadas o masa de harina de maíz
- 2 tazas de calabaza cocida y machacada
- 1/2 taza de azúcar
- Canela al gusto
- Aceite para freír

Instrucciones:

1. Mezcla la calabaza con azúcar y canela.
2. Forma discos con la masa, rellena con la mezcla de calabaza.
3. Cierra las empanadas y fríelas en aceite caliente hasta dorar.
4. Escurre y sirve.

Chiles Toreados

Ingredientes:

- Chiles serranos o jalapeños
- Aceite
- Sal
- Jugo de limón (opcional)

Instrucciones:

1. Calienta aceite en un sartén.
2. Agrega los chiles enteros y fríelos, moviendo constantemente hasta que se doren y comiencen a arrugarse.
3. Añade sal y un poco de jugo de limón al gusto.
4. Sirve como botana o acompañamiento.

Sopa de Guías

Ingredientes:

- 2 tazas de guías de calabaza picadas
- 1/4 cebolla picada
- 2 dientes de ajo picados
- 2 jitomates picados
- Caldo de pollo o verduras
- Aceite, sal y pimienta

Instrucciones:

1. Sofríe ajo y cebolla, añade jitomates y cocina hasta que suelten jugo.
2. Agrega las guías y caldo suficiente para hacer sopa.
3. Cocina hasta que las guías estén tiernas.
4. Salpimienta y sirve caliente.

www.ingramcontent.com/pod-product-compliance
Lightning Source LLC
LaVergne TN
LVHW081322060526
838201LV00055B/2412